P. VIDAL-LABLACHE
ur à la Faculté des lettres de l'Universi

CARTES MURALES | DOUBLE FACE SUR CARTON

PARLANTES au recto, MUETTES au verso
(1m20 de largeur sur 1m de hauteur), avec Notices

Notice de la Carte
N° 36bis. Indo-Chine française.

CONTENANT

1° Notice. — 2° Questionnaire avec réponses.

Par M. Paul DUPUY
Ancien élève de l'École normale supérieure, Agrégé d'histoire et de géographie.

LISTE DES CARTES MURALES
LES CARTES marquées d'un *astérisque* (*) sont **parlantes**
au recto, **muettes** au verso.

France et cinq parties du monde.

1. Termes de Géographie.
2*. France. Cours d'eau.
3*. — Relief du sol.
4*. — Départements.
5*. — Villes.
6*. — Canaux.
7*. — Chemins de fer.
8*. — Agriculture et Industrie.
9*. — Provinces.
10. — Frontière N.-E.; et France militaire.
11*. Algérie et Tunisie.
12*. Europe physique.
13*. — politique.
14*. Asie physique.
15*. — politique.
16*. Afrique physique.
17*. — politique.
18*. Continent américain physique.
19*. Amérique du Nord politique.
20*. Amérique du Sud politique.

21*. Océanie.
22*. Planisphère.
23. Palestine et Pays d'Orient.
24. Paris et Environs de Paris.

Contrées d'Europe et Colonies
(*physiques* au recto, *politiques* au verso)

25. Belgique.
26. Suisse.
27. Allemagne.
28. Iles Britanniques.
29. Pays-Bas.
30. Italie.
31. Espagne et Portugal.
32. Autriche-Hongrie.
33. Péninsule des Balkans.
34. Russie.
35. Grèce et Archipel.
36. Madagascar et Indo-Chine.
37. Colonies de l'Afrique occident1e;— Guyane, Nouv.-Calédonie, etc.
38. Tunisie.

Appareil de suspension, 2 fr. — Meuble destiné à renfermer les cartes, 14 fr.
— Cartes expédiées sans le meuble : plateau d'emballage, 1 fr. en sus. —
Notice, pour chaque carte, 40 centimes.

ARMAND COLIN ET Cie, ÉDITEURS
5, RUE DE MÉZIÈRES, PARIS

COURS DE GÉOGRAPHIE
Par M. P. FONCIN, Inspecteur général de l'Enseignement secondaire.
L'Année préparatoire de Géographie. In-12 oblong, cart., » 75. — **La Première année
de Géographie.** In-4°, cart., 1 50. — **La Deuxième année de Géographie.** In-4°, cart., 4 25.
— **La Troisième année de Géographie.** In-4°, cart., 6 50. — **Géographie historique.**
In-4°, cart., 6 ». — **Géographie générale.** In-4°, relié toile, 12 ».

CARTES MURALES [DOUBLE FACE SUR CARTON]

PARLANTES au recto, **MUETTES** au verso

(1m,40 de largeur sur 1m de hauteur), avec Notices

PAR

P. VIDAL-LABLACHE

Professeur à la Faculté des lettres de l'Université de Paris.

Notice de la Carte
N° 36 bis. Indo-Chine française.

CONTENANT

1° Notice; — 2° Questionnaire avec réponses.

Par M. Paul DUPUY

Ancien élève de l'École normale supérieure, Agrégé d'histoire et de géographie.

LISTE DES CARTES MURALES

LES CARTES marquées d'un *astérisque* (*) sont **parlantes** au recto, **muettes** au verso.

1. Termes de Géographie.
2* France. Cours d'eau.
3* — Relief du sol.
4* — Départements.
5* — Villes.
6* — Canaux.
7* — Chemins de fer.
8* — Agriculture et Industrie.
9* — Provinces.
10. — Front. N.-E. et France milit.
11* Algérie et Tunisie.
12* Europe physique.
13* — politique.
14* Asie physique.
15* — politique.
16* Afrique physique.
17* — politique.
18* Continent américain physique.
19* Amérique du Nord politique.
20* Amérique du Sud politique.
21* Océanie.
22* Planisphère.
23. Palestine et Pays d'Orient.
24. Paris et Environs de Paris.

Contrées d'Europe et Colonies.
physiques au recto, *politiques* au verso.

25. Belgique.
26. Suisse.
27. Allemagne.
28. Iles Britanniques.
29. Pays-Bas.
30. Italie.
31. Espagne et Portugal.
32. Autriche-Hongrie.
33. Péninsule des Balkans.
34. Russie.
35. Grèce et Archipel.
36. Madagascar et Indo-Chine.
37. Colonies de l'Afrique occidentale. Guyane, Nouv.-Calédonie, etc.
38. Tunisie.

Appareil de suspension, 2 fr. — Meuble destiné à renfermer les cartes, 12 fr. — Cartes expédiées sans le meuble : plateau d'emballage, 1 fr. en sus. — *Notice* pour chaque carte, 40 centimes.

ARMAND COLIN ET Cie, ÉDITEURS
5, RUE DE MÉZIÈRES, PARIS

1899

VIDAL-LABLACHE

Deuxième série de cartes murales.

AVERTISSEMENT DES ÉDITEURS

Avec la carte de Belgique (n° 25) commence une série nouvelle de la collection murale Vidal-Lablache, préparée en vue des Écoles primaires supérieures et de l'Enseignement secondaire.

Voici, sauf de rares exceptions, la disposition suivant laquelle ont été utilisés le recto et le verso de chaque carte.

Sur une face se présente la géographie physique exprimée par un coloris vert et bistre ; sur l'autre face se trouve la carte politique du même pays.

Dans les cartes physiques, on a inscrit en caractères rouges les points essentiels de la géographie agricole.

Dans les cartes politiques, la lettre rouge est consacrée à l'industrie et au commerce.

Ainsi, tandis qu'un côté donne tout ce qui se rapporte directement à la nature, l'autre est consacré surtout aux hommes et aux principales manifestations de leur activité.

Dans l'une et l'autre carte, on s'est fié aux caractères fins pour donner aux professeurs le supplément d'indications dont ils peuvent avoir besoin.

Comprises et présentées de la sorte, les cartes de M. Vidal-Lablache, que nous offrons à l'Enseignement secondaire, constituent une double nouveauté. C'est la première fois, en France, qu'on aura publié un atlas mural des principaux pays de l'Europe et du monde. Peut-être aussi n'aura-t-on jamais serré d'aussi près la définition que M. Jallifier a donnée naguère d'une bonne carte murale dans son rapport à la *Commission pour l'étude des améliorations de l'Enseignement secondaire.* « Elle a pour fonction, dit-il, de dégager de la foule des traits et des noms géographiques les traits et les noms essentiels à l'intelligence de l'exposé oral. La carte murale ne sera jamais une sorte de carte d'atlas développée; par la disposition des couleurs, des lignes, des caractères, elle simplifiera toute chose : elle aura un caractère démonstratif, nullement documentaire. »

On ne saurait mieux dire, et le meilleur éloge qu'on puisse faire des cartes de M. Vidal-Lablache, c'est que si la seconde série vient après ce rapport, la première l'a de beaucoup précédé.

COLLECTION DE CARTES MURALES

Par P. VIDAL-LABLACHE

CARTE N° 36 *bis*

INDO-CHINE FRANÇAISE

A. — NOTICE

Étendue et dimensions. — La carte de l'Indo-Chine française ne représente qu'*une partie de la péninsule indo-chinoise*. A l'ouest et au sud, les côtes de Birmanie sur le golfe de Bengale et la péninsule secondaire de Malacca se trouvent en dehors du cadre. Aussi bien la France ne possède rien dans ces parages, et, comme on le voit, dans la partie que représente la carte 36 *bis*, les territoires qui lui appartiennent ou qui sont sous sa dépendance ne comprennent que la *moitié orientale de la presqu'île* comprise entre le **golfe de Siam et le golfe du Tonkin**,

L'étendue de ces territoires français est considérable : elle dépasse le chiffre de 700 000 *kilomètres carrés*, et, par conséquent, est très supérieure à celle de la métropole (170 000 kilomètres carrés de différence). Si la carte était à la même échelle que celle de la France, il faudrait qu'elle fût d'*un bon tiers plus large et plus haute*.

Du nord au sud, la presqu'île indo-chinoise s'étend sur une longueur de 1 600 *kilomètres*, entre **Lao-kay** sur le fleuve Rouge et la **pointe de Caman**, tandis que la France n'en a que 1000 des Pyrénées à

Dunkerque. En largeur, elle a 800 kilomètres entre l'*embouchure du* **Mé**-nam dans le golfe de Siam et celle du **fleuve Rouge** dans le golfe du Tonkin, c'est-à-dire un peu moins que la largeur de la France entre l'extrémité de la Bretagne et les Vosges.

Répartition et frontières des territoires français. — Les territoires qui constituent l'Indo-Chine française ne lui appartiennent *par tous au même titre*, et ne sont pas gouvernés tous de la même façon. La situation est *analogue à celle de l'Inde anglaise*, où il y a des possessions anglaises et des États tributaires, et où, pour ces derniers, les liens qui les unissent à l'Angleterre sont inégalement serrés. Ainsi la **Cochinchine seule** est une **véritable colonie française** : elle n'a que 55 000 kilomètres carrés. L'**Annam** et le **Cambodge** sont des **royaumes protégés**; mais, dans l'Annam, le **Tonkin** est **directement administré** par la France. Le Cambodge a un peu plus de 100 000 kilomètres carrés; l'Annam en a 540 000, dont plus de 300 000 pour le Tonkin.

A proximité de l'Indo-Chine, la France a acquis en Chine, en 1898, le port de Léï-tchéou, au nord de l'île de Haï-nan. (Ce point ne figure pas dans le cadre de la carte).

Comme le montre la carte, c'est le fleuve du **Mé-kong** qui, de la Chine au Cambodge, sur une *longueur de près de 1800 kilomètres*, forme la *frontière occidentale* de l'Indo-Chine française. Pendant les 600 derniers kilomètres de son cours, il est entièrement en territoire français, et nous possédons les *côtes du golfe de Siam* depuis la pointe de Camau jusqu'à l'île de Koh-chang.

Il convient cependant, pour l'intelligence de la géographie physique de ne pas limiter notre étude aux possessions françaises, mais de l'étendre à toute la partie de l'Indo-Chine que représente la carte.

Situation de l'Indo-Chine. — L'Indo-Chine,

si l'on en excepte la presqu'île de Malacca, qui est comme une île de la Sonde, soudée par un isthme au continent asiatique, est comprise entre 8 *degrés et demi* et 23 *degrés de latitude nord*. Elle est donc *tout entière* située **dans la zone tropicale**, et en atteint presque la limite septentrionale ; le tropique du Cancer se trouverait à quelques centimètres au-dessus du cadre de la carte. C'est exactement la même latitude que celle des *Antilles* ou de nos *établissements sénégalais*.

Située à l'*angle sud-est de l'Asie*, l'Indo-Chine, au premier aspect de la carte, rappelle à la fois la *Chine* par la *disposition convexe de ses côtes orientales*, et l'*Hindoustan* par sa forme de *presqu'île dirigée du nord au sud*. Toutefois il y a entre ces deux presqu'îles une profonde différence : l'Hindoustan est comme *ajouté* à l'Asie, plutôt qu'il ne lui appartient ; la grande plaine de l'Indus et du Gange, en rattachant le Dékan à l'Himalaya, n'en marque pas moins très nettement leur séparation. Dans l'Indo-Chine, *rien ne sépare* les reliefs qui se dressent près des côtes de la mer de la Chine de ceux du *Tibet oriental*. Leur direction est la même : très nettement accusée **dans le sens du nord-ouest au sud-est**, dans la région intérieure où se pressent les unes près des autres les longues vallées parallèles du *Yang-tsé-kiang*, du *Mé-kong* et de la *Salouen*, elle se retrouve avec la même netteté dans la *direction générale de la presqu'île indo-chinoise*, dans celle de ses *côtes orientales* et dans celle du *grand fleuve* qui la traverse sur toute sa longueur. Elle est en particulier extrêmement frappante dans la *partie montagneuse du Tonkin*, où l'on voit, parallèles les uns aux autres, les longs et étroits sillons où coulent le *Fleuve Rouge*, la *Rivière Noire*, le *Song-ma* et le *Song-ca*.

Mais à cette direction des vallées et des crêtes qui *rattache étroitement l'Indo-Chine au* **Tibet**, s'en mêle par endroit une toute différente qui la rattache aussi à la **Chine**. La carte la montre au nord du golfe du Tonkin, dans les montagnes de la province chinoise du *Kouang-toung* qui viennent expirer sur le bord même de la plaine tonkinoise, et dans la *vallée du Si kiang* qui, après avoir coulé du sud-est au nord-ouest, suivant une direction opposée, mais parallèle à celle des fleuves tonkinois cités tout à l'heure, fait un coude à angle droit et file tout d'un coup du sud-ouest au nord-est.

De l'autre côté du Tonkin, cette même direction se retrouve à partir du 101e méridien : elle domine dans *tout le* **haut Laos**, détermine la direction de la *vallée du* **Nam-hou**, et à deux reprises celle de la *vallée du* **Mé-kong**, d'abord entre Xieng-hong et Xieng-kong, puis entre Louang-prabang et Pak-lay. Les *zigzags* décrits par le grand fleuve entre sa sortie de Chine et Pat-choum expriment d'une manière très caractéristique l'*entrecroisement de ces deux directions* d'alignements montagneux perpendiculaires l'une à l'autre.

Et, de même que le *Mé-kong, à partir de Pat-choum,* obéit à la *direction tibétaine* du nord-ouest au sud-est, de même le *Mé-nam* semble obéir surtout à la *direction chinoise* du nord-est au sud-ouest devenue presque nord-sud.

Les montagnes du Tonkin. — Dans leur ensemble, les montagnes du Tonkin sont un *prolongement vers le sud* de celles qui couvrent la province chinoise *du Yun-nan*. Ce sont des *chaînes calcaires*, qui descendent rapidement vers des *vallées profondes et étroites*, qu'elles dominent par de *hautes falaises*; l'allure générale du relief est donc *extrêmement accidentée*, mais les plus hauts sommets se tiennent, comme dans le *Yun-nan*, entre 1800 et 2000 *mètres*. Des *forêts épaisses* revêtent toute cette région qui se prolonge au sud par les *plateaux* extrêmement *accidentés* du *Tranh-ninh*, qui rappellent le *Jura* par la nature de leurs roches, leurs forêts, la rareté des eaux coulant à la surface, la multiplicité au contraire des cours d'eau souterrains. Ces plateaux se terminent au nord du Mé-kong, entre Nong-kay et Pat-choum par une *bordure abrupte* très haute, et au delà de Pat-choum se prolongent un peu vers le sud-est par le *plateau de Pou-hac*, qui s'appuie à l'est contre les montagnes de l'Annam.

La chaîne annamite. — La chaîne annamite est un *massif ancien* qui commence à la lisière méridionale du delta du Tonkin, comme les massifs anciens du Kouang-toung se terminent à sa lisière septentrionale. *Large de 300 à 400 kilomètres au nord* du 18ᵉ parallèle, elle *s'amincit* ensuite progressivement vers le sud, serrant toujours de près la côte, plongeant même de plus en plus, directement dans la mer, en même temps qu'elle s'éloigne davantage du Mé-kong.

Comme *l'Oural*, la chaîne côtière annamite, sans être interrompue, présente pourtant un *passage très bas*, qui se trouve un peu au nord de Hué : c'est le passage connu sous le nom de *Aï-lao*, ou porte du Lao, qui n'est qu'à 330 mètres d'altitude, entre la province côtière du *Quang-tri*, et la vallée du *Sé-bang-hien*, affluent de gauche du Mé-kong. Ce passage est entouré par quelques-uns des sommets les plus élevés de la chaîne : au nord, la *Dent-du-Tigre*, qui a 1 800 mètres; au sud, le *Pou-atouat* qui en a 2 500.

Jusqu'à l'extrémité méridionale la chaîne côtière conserve la même altitude : dans le *Phu-yen*, la *Mère et l'Enfant* ont encore 2 100 mètres, et, sur le bord même du delta cochinchinois, le *Plateau des Tioma* renferme encore un sommet de 1 650 mètres.

Toute cette chaîne est sillonnée du *côté de l'est* par de *courtes vallées*, où *de petits fleuves* coulent *torrentiellement* sur des fonds plats très resserrés, qui n'offrent que peu d'espace aux cultures, mais sont constitués par des *alluvions extrêmement fertiles*. Seuls, le Song-ca et le Song-ma, tout à fait au nord, ont un cours assez long et peuvent servir à la navigation. Le Song-ba, dans le Phu-yen, a un estuaire profond qui peut faire un bon port.

Les côtes de l'Annam. — Au reste, sur toute la partie de la côte qui se trouve au sud de Tourane, la *montagne descend presque toujours dans la mer* sans intermédiaire de plaine côtière; les indentations y sont nombreuses ainsi que les promontoires rocheux : *baie et cap* de **Tourane**, baie de Xuan-daï, *cap Varela*, *baie de Hon-kohe*, *baie de Cam-ranh*, **cap Padaran**. D'assez nombreux îlots accompagnent aussi la côte : les plus connus sont les îles de *Cu-lao-cham*, près de Tourane, où se récolte la plus grande partie des nids d'hirondelles salanganes qui sont consommés en Chine.

Au nord de Tourane au contraire, c'est-à-dire *à partir de l'entrée du golfe du Tonkin*, en face de l'île chinoise de Haï-nan, *commencent des plaines côtières* qui annoncent le delta du Tonkin : **Hué** est derrière *une lagune* bordée de flèches côtières qui s'ouvrent à *Thuan-an*. A défaut de lagunes, on trouve en avançant vers le nord des *canaux* qui font communiquer les embouchures des cours d'eau les unes avec les autres et s'en vont enfin rejoindre le réseau des canaux du delta tonkinois.

Les plaines du Mé-kong (Laos). — A l'ouest de la chaîne côtière annamite s'étalent des *plaines de plus en plus larges* à mesure que l'on avance vers le sud; elles sont coupées en deux par le *plateau volcanique des Boloven :* au nord, y coule le *Sé-bang-hien*, au sud, le *Sé-kong* qui se réunit avant de se jeter dans le Mé-kong avec le *Sé-san* et le *Sé-bang-Khane* ou *Tonlé-srépok*. Tandis que les montagnes côtières, exposées à la pluie qu'apporte la mousson du nord-est, sont couvertes de *forêts*, riches en bois de toutes sortes, et peuplées par la *faune puissante et nombreuse des tropiques* : troupes de singes, serpents, éléphants, rhinocéros, buffles, cerfs, chevreuils, daims, tigres, ours, sangliers; les plaines de l'ouest portent une végétation beaucoup moins dense, analogue à celle qui, dans le Soudan, forme l'intermédiaire entre la forêt équatoriale et les savanes tropicales : c'est la *forêt à clairières* où la population est extrêmement rare, mais qui offre à l'exploitation coloniale un très vaste et très riche domaine.

Le Delta tonkinois. — Aux deux extrémités de l'Annam s'étendent **deux très importantes régions plates;** l'une au fond du golfe du Tonkin, l'autre à la pointe même de la presqu'île indo-chinoise. La première est le **delta du Tonkin,** la seconde le **delta de la Cochinchine.**

Le *delta du Tonkin* n'occupe qu'une *très petite partie du Tonkin proprement dit.* C'est un angle comblé du golfe du Tonkin, où s'étalent des *alluvions absolument plates,* sillonnées par d'innombrables cours d'eau; elles couvrent une surface en forme de triangle équilatéral qui a 150 kilomètres de côté, et par conséquent égale environ 20 000 *kilomètres carrés.* Çà et là, d'anciens îlots englobés dans les alluvions émergent au-dessus de la plaine comme ils émergeaient autrefois au-dessus de la mer; une *zone de collines les sépare des montagnes.* Cette plaine est *l'œuvre des fleuves* qui y aboutissent et surtout du **Fleuve Rouge,** grossi de la *Rivière Claire* et de la *Rivière Noire;* d'autres cours d'eau moins importants joignent aux deux extrémités leurs deltas à celui du Fleuve Rouge, et la région deltaïque du Tonkin se prolonge le long de la côte d'Annam jusqu'à Hué, comme la région deltaïque du Rhône se prolonge le long des côtes du Languedoc au pied du Massif

1.

central. Cette région deltaïque s'est formée et continue de *s'accroître* et de gagner sur la mer avec une *très grande rapidité*. Hanoï, qui est à 100 kilomètres de la côte aujourd'hui, en était toute voisine, il y a 1100 ans, et les 50 derniers kilomètres du Fleuve Rouge se sont établis en moins de 200 ans.

Le sol du delta est formé d'une *argile rouge extrêmement fertile*, et que fécondent encore les *inondations annuelles*. Comme dans les *polders de la Hollande*, afin de régler les inondations, il y a d'innombrables *digues* bordant d'innombrables *canaux*, si bien que l'ensemble du pays vu à vol d'oiseau offre l'aspect d'un gigantesque damier, et que les bateaux semblent circuler au milieu des champs. Comme en Hollande encore, ce sont *les digues* qui portent *les routes*. Ce pays, grand deux fois comme le département de la Gironde, nourrit une population d'une dizaine de millions d'hommes. La densité y dépasse de beaucoup celle des *Flandres*.

Le Delta cochinchinois.— A l'autre extrémité de l'Annam s'étend une région deltaïque *beaucoup plus vaste* que celle du Tonkin : elle a été formée par les alluvions du **Mé-kong** et par celles de quelques petits fleuves descendus des montagnes annamites, en particulier le *Don-naï*. Tandis que le *delta tonkinois* est nettement encadré dans les régions montagneuses qui le dominent, et offre le *type classique du delta*, celui de la Cochinchine présente une disposition tout autre. En réalité, toute la région qui sur la carte est striée de bleu, *depuis Battambang*, dans le Siam, *jusqu'aux bouches mêmes du Mé-kong*, doit être considérée comme le delta de ce fleuve. C'est la *zone d'inondations* sur laquelle ses eaux se répandent et déposent leurs alluvions à l'époque des crues. *Ce delta est double*, si l'on peut dire, et se compose d'un delta *intérieur* et d'un delta *extérieur*, dont les sommets se touchent à **Pnom-penh**.

Le delta extérieur est celui où le fleuve, tournant vers le sud-est et se partageant en deux bras principaux, qui se subdivisent eux-mêmes en un grand nombre de bras, *aboutit à la mer de Chine;* il est flanqué d'une *péninsule alluvionnaire*, au sol encore mal formé, couverte de forêts marécageuses, qui se termine à la *pointe de Camau.*

Le delta intérieur est celui par lequel, à l'époque des crues, une grande partie des eaux du fleuve, au lieu de prendre la route du sud-est, *prend celle du nord-ouest*, et se déverse dans la dépression dont la partie la plus basse est occupée par le **Grand-Lac** ou *Tonlé-sap*. Cette dépression qui va rejoindre à Bangkok le delta du Mé-nam, est séparée du golfe de Siam par un *massif montagneux* ancien comme celui de l'Annam, où certains sommets, dans les environs de Kampot, atteignent une altitude de 1000 mètres. Pendant les crues, la *dépression cambodgienne* est *presque entièrement submergée* par les eaux du Mé-kong : on a calculé qu'il s'y emmagasine alors **30 milliards de mètres cubes** d'eau. C'est là une disposition analogue à celle que l'on rencontre près d'autres grands fleuves à crues tropicales : le *Niger* supérieur par exemple, qui, en amont de Timbouctou, possède dans le lac Debo un déversoir où le trop-plein des crues reflue pour retourner ensuite au fleuve pendant la décrue; ou bien le *Nil*, pour lequel la dépression du Fayoum joue un rôle analogue.

Sujet à des crues qui atteignent **12** *mètres de hauteur*, long d'environ 2000 kilomètres, *issu de régions montagneuses* où la *fonte des neiges coïncide* précisément avec la saison des *grandes pluies* sur le cours inférieur, le **Mé-kong** est parmi les fleuves du monde un des plus *puissants constructeurs :* on estime à 1 *milliard de mètres cubes* la quantité d'alluvions qu'il apporte annuellement dans son double delta; le flux qui pendant les basses eaux remonte d'une part jusqu'à Sambor, d'autre part jusqu'au fond du Grand-Lac, se trouve annulé pendant la saison des hautes eaux, où les apports d'alluvions sont le plus considérables, et c'est alors qu'il s'en dépose des quantités énormes.

Le delta cochinchinois, comme le delta tonkinois, est un *golfe comblé* où quelques îlots granitiques paraissent encore çà et là; le *Cambodge a été autrefois sur un golfe* dont le fond devait se trouver aux environs de Pnom-penh. Comme au Tonkin, les parties cultivées du delta cochinchinois sont entrecoupées de *digues* et de *canaux* par lesquels les eaux fécondantes sont aménagées pour le bien des cultures. Mais la *presqu'île de Camau*, avec sa ceinture de palétuviers dont les racines sont couvertes et découvertes alternativement par le flux et le reflux, est encore presque tout entière à l'état de nature.

Les fleuves de l'Indo-Chine. — Cette étude du relief nous a déjà donné un aperçu des cours d'eau de l'Indo-Chine et des principaux traits de leur régime. La carte nous montre en partie deux des grands fleuves qui descendent des profondeurs du Tibet : la **Salouen**, fleuve de l'Indo-Chine occidentale, le **Mé-kong**, fleuve de l'Indo-Chine orientale. De la première on n'aperçoit qu'une fraction très petite, située dans la *Birmanie*, qui est aujourd'hui *possession anglaise*, et par laquelle le grand empire britannique des Indes confine à la fois à l'empire chinois et à notre Tonkin.

Du Mé-kong au contraire, nous voyons tout le cours depuis sa sortie de la Chine jusqu'au delta cochinchinois. Il traverse l'Indo-Chine orientale dans toute sa longueur; ses affluents, à droite le *Nam-moun*, à gauche le *Sé-bang-hien* et le *Sé-kong* en couvrent presque toute la largeur, et ne laissent qu'un domaine restreint d'une part au *Mé-nam*, d'autre part aux *fleuves côtiers de l'Annam*. Le Mé-kong est donc le *fleuve indo-chinois par excellence*, et le seul aspect de la carte montre qu'il forme le *le lien entre les différentes parties de notre domaine colonial*.

Longtemps il a passé pour inutilisable pour la navigation, mais des *explorations nombreuses*, poursuivies en ces dernières années avec énergie par des *missions françaises*, ont démontré le contraire. En réalité, il n'y a sur le Mé-kong *qu'un seul obstacle infranchissable* en toute saison : les **chutes de Khone**, hautes d'une vingtaine de mètres. Comme les chutes de Boussa sur le Niger, elles séparent radicalement la navigation du cours inférieur de la navigation du cours moyen.

Sur le cours inférieur, les *rapides de Préatapang* laissent un passage abordable. Sur le cours moyen, les *rapides de Kemmarat*, qui sont un peu au-dessus des chutes de Khone, sont franchissables pendant cinq mois de l'année pour des navires calant 1 mètre. Au delà commence **un grand bief de 600 kilomètres de longueur** qui, moyennant quelques travaux, sera navigable toute l'année. A partir de Nong-kay commence *dans la région montagneuse* une partie du fleuve où la navigation n'est possible que *pendant les hautes eaux* et pour des navires puissants et rapides : **Louang-prabang** n'est donc abordable de l'aval que pendant une partie de l'année et il en est de même pour la navigation en amont. Les *canonnières françaises* ont réussi à remonter *jusqu'à la frontière chinoise* : il y en a *cinq* actuellement qui font flotter notre pavillon sur la partie du fleuve comprise entre cette frontière et les chutes de Khone : elles y ont été transportées à l'aide d'un chemin de fer construit sur une des îles que le fleuve forme au passage de ces chutes. Par le même moyen on a également fait passer sur le cours moyen du Mé-kong *quatre bateaux appartenant à la*

Compagnie des Messageries fluviales de la Cochinchine.

Avec un régime analogue à celui des fleuves
africains, le Mé-kong n'en est donc pas moins
devenu pour nous un instrument extrêmement
important pour l'affermissement de notre puissance
et pour le développement de notre commerce dans
l'intérieur de l'Indo-Chine.

Les explorations heureuses dont il a été l'objet
se poursuivent sur quelques-uns de ses affluents,
en particulier sur ceux qui *ouvrent des routes vers
la côte d'Annam et vers le Tonkin;* les principaux
sont le Sé-kong, le Sé-bang-hien et le Nam-hou. Le
Sé-kong trace la route naturelle entre *Hué* et le cours
du Mé-kong *au dessous de Khone;* le *Sé-bang-hien*, qui
prend sa source *près d'Aï-lao*, remplit, le même
office entre *Hué*, et le cours du fleuve *au-dessus de
Khone*. Quant au *Nam-hou*, sa vallée qui aboutit à
Louang-prabang est la route principale entre le *haut
Tonkin* et le Mé-kong.

Le Fleuve Rouge. — De part et d'autre du
Mé-kong sont disposés deux fleuves importants, mais
dont le cours est infiniment moins long, et qui ne
viennent pas du Tibet comme lui : l'un est le **Mé-
nam**, le fleuve du Siam, celui dont nous nous sommes
engagés à respecter le domaine; l'autre, le **Fleuve
Rouge**, est au contraire un domaine qui nous est
très étroitement subordonné, puisqu'il *traverse tout
le Tonkin*.

Le Fleuve Rouge vient des *plateaux de Yun-nan*, et
son importance capitale pour nous tient à ces deux
faits : 1° que son delta est *la province la plus peuplée
et la plus riche de toute l'Indo-Chine;* 2° que son cours
moyen est la *meilleure route entre la mer* et la
province la plus importante de la **Chine méridionale**,
le Yun-nan. En Chine même, le Fleuve Bleu, qui traverse aussi le Yun-nan, est barré par des rapides

dans son cours supérieur, et, serait-il entièrement navigable, qu'il ferait encore une route trop longue vers la mer. Le *golfe du Tonkin* forme au contraire la partie des mers de Chine qui se *rapproche le plus de Yun-nan*, et le fleuve qui y aboutit, malgré deux séries de rapides, est remontable non seulement jusqu'à **Lao-kay** en toute saison, mais même jusqu'à *Man-hao* (en Chine, hors du cadre de la carte) pendant huit mois sur douze. Au lieu de trois mois que mettaient autrefois les sampans, barques indigènes tirées à la corde, pour atteindre la frontière chinoise, il suffit maintenant de *trois jours à la montée* et de *quinze heures à la descente* pour des bateaux à vapeur qui partent d'Haïphong tous les huit jours.

Les affluents du Fleuve Rouge ne sont pas moins bien disposés que lui pour faciliter les relations entre le Yun-nan et le golfe du Tonkin. Leurs vallées en effet sont, comme on l'a vu déjà, *parallèles à la sienne*. Ce sont : au nord, la *Rivière Claire*, que les services des *Messageries fluviales* remontent jusqu'à *Tuyen-quan*, et au sud, la **Rivière Noire**, aussi abondante que le Fleuve Rouge, mais d'un cours plus accidenté ; en tout temps les vapeurs la remontent jusqu'au *coude de Cho-bo ;* pendant les hautes eaux, ils pourraient remonter jusqu'à *Laï-chau*.

Le Si-kiang. — Le Si-kiang est le fleuve chinois qui aboutit à **Canton**. Il a ses *sources dans le Tonkin*, et marque ainsi la *route* entre nos possessions et la métropole commerciale de la Chine du Sud, doublée par le *grand entrepôt anglais de Hong-kong*. C'est à l'entrée de cette route que se trouve la ville de *Langson*, aujourd'hui reliée au delta par un **chemin de fer** qui part de Phu-lang-tuong.

Petits fleuves côtiers. — Les principaux sont : le *Thaï-binh*, qui aboutit à l'extrémité orientale du delta tonkinois, et le *Don-naï*, qui aboutit à l'extrémité orientale du delta cochinchinois. L'un et l'autre contribuent à en augmenter l'étendue et sont unis par des *canaux naturels* ou *artificiels*, l'un avec les bras du Fleuve Rouge, l'autre avec ceux du Mé-kong. C'est même sur ces deux petits fleuves que sont établis le grand port de chacun de ces deux deltas, **Haïphong** sur un bras du *Thaï-binh*, **Saïgon** sur un bras du *Don-naï*.

Parmi les autres fleuves qui se jettent sur la côte d'Annam, entre le Tonkin et la Cochinchine, il y en a bien peu qui ne soient des *torrents impropres à toute navigation*, même à celle des barques indigènes. Il faut faire exception cependant pour le *Song-ma*, dont le delta s'ajoute à l'ouest à celui du Fleuve Rouge, et le cours inférieur du *Song-ca*, qui aboutit un peu plus au sud, à **Vinh**, où il forme aussi, lui, un petit delta. Il faut aussi signaler le *Song-ba*, qui a son embouchure entre **Qui-nhon** et le *cap Varéla*, et dont la vallée forme route vers les sources du *Sé-san*, et par lui *vers le Mé-kong*.

Climats de l'Indo-Chine. — Navigables ou non, tous les fleuves de l'Indo-Chine sont sujets à des *crues régulières et puissantes* qui ne se produisent pas partout au même moment de l'année. C'est que, comme l'Hindoustan, l'Indo-Chine est exposée à des *pluies extrêmement abondantes*. Partout il y a une saison sèche et une saison des pluies; mais elles ne sont pas partout disposées de la même manière, et il y a des variations de climat qui résultent de la longueur de l'Indo-Chine dans le sens de la latitude. Tandis que la Cochinchine se trouve à 10 degrés seulement de l'Équateur, le Tonkin est à 10 degrés plus au nord.

Climat de la Cochinchine. — Dans la prémière les nuits et les jours sont presque constamment *égaux*, et l'année se divise en deux périodes surtout d'après la pluie : il y a une **saison sèche** et une **saison pluvieuse**.

La *saison sèche* dure d'octobre à avril pendant que souffle la *mousson du nord-est* ; celle-ci est l'*alizé de l'hémisphère boréal*, dont l'humidité s'est déposée au passage sur les montagnes de la côte d'Annam qui forment écran devant lui. La saison sèche est en même temps, grâce à la pureté du ciel, la saison *la moins chaude* : le thermomètre descend quelquefois, pendant les nuits de décembre et de janvier jusqu'à 16 degrés.

La *saison pluvieuse* en Cochinchine dure de mai à octobre. Elle correspond à la *mousson du sud-ouest*, qui n'est autre chose que l'alizé de l'hémisphère austral dépassant l'équateur : c'est la saison des *hautes températures constantes*, dont le maximum atteint 36 degrés ; elles s'accompagnent de *violents orages*. Les pluies commencent vers la fin d'avril et raniment la végétation des rizières qui sont tout à fait sèches en mars. En juin, la quantité de pluie est tellement énorme qu'*elle dépasse d'un tiers* au moins et *souvent de moitié*, celle qui tombe *à Paris pendant l'année tout entière* : ce déluge continue en juillet et en août, où la végétation est dans toute sa force. Puis la pluie diminue progressivement en septembre, jusqu'à ce que la mousson du nord-est vienne rafraîchir l'air et ramène la sécheresse. L'ensemble du climat, chaud et humide sur un sol détrempé, interdit tout travail aux Européens.

Climat du Tonkin. — La différence de latitude et d'exposition vaut au Tonkin un climat tout différent. Il y a un *hiver* et *un été*, résultant de l'inégalité *des jours et des nuits* pendant les deux saisons. Pendant l'été la température s'élève jusqu'à 37 degrés ; pendant l'hiver elle s'abaisse jusqu'à 8 ou 6. Il y a alors des *brouillards* et des *pluies fines*, surtout en février et en mars. La chaleur devient tout à coup très forte dès avril et elle amène des orages ; les plus fortes pluies ont lieu de juin à septembre : elles résultent de l'appel d'air provoqué de la mer vers la terre par l'échauffement estival des grandes masses continentales auxquelles s'adosse le Tonkin ; mais elles sont *moins régulières qu'en Cochinchine*, et la culture du riz souffre souvent de la sécheresse. L'ensemble de ce régime est *beaucoup plus favorable aux Européens* que celui de la Cochinchine.

Climat de l'Annam. — Les provinces les *plus septentrionales* de l'Annam, Thanh-hoa, Nghé-an, Ha-tinh, ont un *climat analogue à celui du Tonkin*. Du Ha-tinh à la Cochinchine, le climat est réglé par *l'alternance de la mousson du nord-est et de la mousson du sud-ouest*.

La première souffle pendant l'hiver ; elle amène des *pluies abondantes sur toutes les montagnes de la côte*, où la saison la plus humide est en même temps *la plus froide* : le thermomètre descend alors jusqu'à 12 ou 11 degrés. C'est en même temps *l'époque de la sécheresse pour les pays du Mé-kong* situés au delà des montagnes côtières. Celles-ci ne déterminent la pluie que parce que leurs pentes exposées à la mer forment des surfaces de refroidissement contre lesquelles se condensent les vapeurs venues de la mer de Chine ; mais une fois que la mousson du nord-est a franchi cet obstacle, comme elle se dirige vers des régions de plus en plus chaudes, loin de donner des pluies, elle peut au contraire se saturer de plus en plus d'humidité et elle détermine ainsi la *saison sèche au-dessus du Mé-kong*.

Le contraire se passe pendant que règne la mousson du sud-ouest ; elle condense ses *pluies au-dessus du Mé-kong* et sur le revers intérieur de la chaîne côtière ; elle fait la *sécheresse sur les côtes d'Annam*, où l'été est à la fois torride et aride.

D'une façon générale, cette interversion de régime rend *l'intérieur* de l'Indo-Chine *beaucoup plus humide* que la côte qui borde le pied des montagnes.

**Les produits naturels de l'Indo-Chine.—
Le riz**. — De tout ce qui précède il résulte que
l'Indo-Chine nous apparaît comme une **région de
nature tropicale**, mais où cette nature présente des
variétés très sensibles qui tiennent à la latitude et au
relief. Cette nature tropicale se manifeste également
dans la *prédominance de la culture du* **riz** comme
culture alimentaire.

Le *riz* est pour l'*Extrême-Orient* ce que le *blé* est
pour l'*Europe*: il forme le fond de la nourriture des
deux grandes agglomérations humaines de l'**Hindoustan** et de la **Chine**. Il a besoin pour fructifier de
beaucoup d'*humidité* et de *chaleur*, conditions qui
se trouvent réalisées au plus haut degré dans les
deltas indo-chinois.

Dans celui du *Tonkin*, le riz occupe les *neuf
dixièmes* de la surface cultivée, et il donne presque
partout deux récoltes par année. Il est vrai que la
saison des pluies n'étant pas absolument régulière,
la sécheresse fait manquer quelquefois la récolte, et
souvent aussi des inondations prolongées réduisent
le temps de la culture. En tout cas, la population du
delta est tellement dense que, malgré la quantité
énorme de riz qu'il produit, *le Tonkin n'en exporte
presque pas.*

Dans la *Cochinchine* la production est beaucoup
plus régulière, et comme la population est beaucoup
moins nombreuse, il reste pour l'*exportation des
quantités de riz considérables*. Sur 1 100 000 hectares
cultivés, près de 900 000 sont occupés par le riz, et
sa production annuelle n'est pas loin d'atteindre
80 millions de kilogrammes.

En dehors des deux deltas, le riz est cultivé dans
les *fonds de vallée de l'Annam et du haut Tonkin*, partout où il y a une surface plate assez large pour
permettre l'*irrigation*. Il remonte ainsi assez loin vers
le nord, le long de la **Rivière Noire** et du **Fleuve**

Rouge. Une espèce particulière, qui n'a pas besoin d'un sol humide pour pousser et fructifier, est aussi très répandue dans les montagnes du haut Tonkin.

Les cultures autres que celle du riz. — **I. Dans les deltas.** — A la culture du riz dans les deltas sont associées un certain nombre de cultures secondaires qui n'occupent que de *très petites surfaces :* les unes sont destinées aussi à la *nourriture* des indigènes, comme celles de la patate, du maïs, de la canne à sucre, des arbres fruitiers; les autres répondent à deux habitudes fortement invétérées chez les indigènes : celle de *fumer* et celle de *chiquer*. Pour la première, ils cultivent le *tabac;* pour la seconde, le *bétel* et l'*aréquier*.

Enfin, la culture du **cotonnier** est destinée à se faire une place importante dans les terres basses de l'Indo-Chine, partout où la saison des pluies n'est pas trop longue. Elle ne peut guère réussir en Cochinchine, mais elle est déjà très répandue dans le *Cambodge* et dans les provinces annamites du *Thanh-hoa* et du *Nghé-an*. Le développement de l'*industrie cotonnière au Japon* lui a donné une forte impulsion.

II. Sur les premières pentes des montagnes. — Comme dans tous les pays tropicaux, l'altitude en Indo-Chine compense certains effets de la latitude, et la nature de la végétation et des cultures change dès qu'on gravit les premières pentes du pays élevé. Dans les *vallées des fleuves annamites*, et surtout dans la *large zone de collines* qui sépare au *Tonkin* le delta de la montagne, se trouvent ainsi les terres qui réservent peut-être le plus d'*avenir à la colonisation*, parce qu'elles permettent des *cultures riches* et des *cultures d'exportation*. Les principales sont celles du **mûrier**, du *café*, de la **cannelle** et du **poivre**. Déjà la production de la *soie* a beaucoup augmenté au *Tonkin* depuis l'occupation française; la *cannelle* de l'*Annam* est un objet d'exportation important vers la

Chine; *le poivre du Cambodge* et de *l'Annam* méridional entre en concurrence avec celui de la Malaisie et du Siam.

Les forêts. — Dans les montagnes mêmes, les forêts qui fournissent des bois d'une dureté et d'une solidité admirables, entre autres le **teck**, constituent une *réserve de richesse énorme*. Il est nécessaire de les protéger contre les incendies allumés par les indigènes nomades pour établir leurs cultures, et contre les défrichements exagérés. Déjà certaines parties de l'Annam auraient besoin d'être reboisées. Mais le *haut Tonkin* et le *haut Laos* formeront longtemps encore une *immense région forestière*. Ce sont ces forêts, où s'accumulent sur le sol les débris de la végétation, qui sont en Indo-Chine le vrai *domaine des fièvres*, dangereux pour la santé des Européens.

Les richesses minières. — Jusqu'à présent l'Indo-Chine a été *avant tout* un **pays agricole**, caractérisé surtout par la production du **riz** dans les **deltas**. Mais elle peut devenir, et elle est déjà devenue en quelques endroits un *pays industriel*, grâce aux richesses minérales de son sol.

On peut ne rappeler que pour mémoire les *innombrables gisements de toutes sortes du haut Tonkin :* or, argent, antimoine, cuivre, étain; ils sont perdus dans la région des forêts et ne donnent lieu pour le moment qu'à des *exploitations indigènes insignifiantes*. L'éloignement de la côte, la difficulté des communications, et surtout la fièvre des bois, en écarteront encore longtemps les recherches des Européens.

Mais sur la côte même de l'Annam et du Tonkin se trouvent des **gisements de houille**, qui sont de la plus haute importance pour l'avenir du pays, et qui prennent une place de jour en jour plus grande dans la consommation du commerce maritime en Extrême-Orient. Les plus anciennement exploités sont ceux de *Tourane*, près de Hué, à l'entrée du golfe du Tonkin. Un incendie dans les mines, il y a quelques années, en a beaucoup réduit la production.

Beaucoup plus importantes aujourd'hui sont les mines tonkinoises de **Hon-gay** et **Kébao** : elles bordent immédiatement la mer dans les parages de la baie d'Along, où des navires calant 7 à 8 mètres peuvent accoster à quai. Les conditions de l'exploitation du charbon, surtout en vue de l'exportation, y sont aussi bonnes que dans le *bassin de Cardiff*; de puissantes installations françaises y sont établies et contribuent déjà dans une large mesure à approvisionner le *marché de Hong-kong* et de *Singapour*. Hon-gay est dès maintenant le premier port du Tonkin après Haïphong.

Les produits du règne animal en Indo-Chine. — Auprès du riz et de la houille les produits du règne animal font petite figure en Indo-Chine. Le seul élevage important chez les indigènes est celui des *porcs;* mais les *collines tonkinoises* et certaines parties de l'intérieur du bassin du Mé-kong, comme le *plateau des Boloven*, sont des régions d'avenir pour l'élevage des *chevaux* et celui des *bêtes à cornes*. Celui-ci, surtout dans le voisinage des grandes villes, a déjà donné quelques résultats au Tonkin.

Actuellement le principal produit indo-chinois qui appartienne au règne animal est celui des **pêcheries**. Comme la plupart des régions deltaïques, la Cochinchine et le Tonkin sont le siège de pêcheries importantes; à celles du Tonkin s'ajoutent celles de la *baie d'Along;* mais elles n'ont qu'une importance locale.

Dans le **Cambodge**, au contraire, les **pêcheries du Grand-Lac** ont une importance générale pour tout l'Extrême-Orient; à l'époque des basses eaux elles emploient des milliers d'hommes, et les quantités considérables de *poisson salé* qu'elles produisent, trouvent dans l'alimentation de la Chine la même place qu'en Europe les *morues salées* de Terre-Neuve ou d'Islande.

Les populations indigènes de l'Indo-Chine. — De toutes les populations indo-chinoises, celle que l'on connaît le mieux en France est la population annamite, parce que c'est aux **Annamites** que nous avons eu affaire pour la conquête de la Cochinchine et du Tonkin. Mais ils sont loin d'être les seuls habitants du pays, même dans les limites de l'Annam, et ils n'en sont pas les plus anciens.

I. **Les Annamites**. — Les **Annamites** sont des *envahisseurs*, venus des confins de la Chine et du Tibet, et qui se sont glissés le long de la côte, en occupant toutes les terres basses, et en *refoulant* les habitants antérieurs *dans les régions montagneuses*. Eux-mêmes sont incapables de vivre dans les hautes terres : ce sont les **cultivateurs du riz** par excellence. Ils s'étendent du Tonkin à la Cochinchine, mais ils n'occupent celle-ci que depuis deux cents ans environ.

II. **Les Moïs**. — Au-dessus d'eux, dans les régions montagneuses du Tonkin et de la chaîne côtière, habitent les vrais autochtones de l'Indo-Chine, les **Moïs**, peuplades qui ne sont probablement pas toutes de même race, mais que les Annamites englobent dans cette même démonstration qui signifie simplement *sauvages*. On les trouve à l'ouest des Annamites, *depuis la Chine jusqu'à la Cochinchine*.

III. **Les Thaïs**. — Refoulés d'un côté par les Annamites, ils l'ont été de l'autre par une autre invasion d'origine tibétaine aussi elle, celle des **Thaïs**, qui a occupé la Birmanie, le Siam et le Laos. On trouve des Thaïs dans les vallées du haut Tonkin jusque sur les confins du delta. Les Thaïs occupent aujourd'hui *la plus grande partie de l'Indo-Chine ;* leur aire d'extension est reconnaissable sur la carte à celle du mot *muong* (*m*ᵍ sur la carte), qui précède les noms des villages, et qu'on a souvent, à tort, appliqué aux habitants eux-mêmes. Les Thaïs sont venus par les vallées du Mé-nam et du Mé-kong; de tous les États qu'ils ont fondés le royaume de *Siam* a seul survécu.

IV. Les Cambodgiens. — En même temps que les Annamites et les Thaïs refoulaient sur les hauteurs de l'est les sauvages indo-chinois, ils ont réduit à un étroit espace un *État fort ancien et fort civilisé*, qui était né d'une *invasion antérieure*, le **Cambodge.** Les Cambodgiens sont un mélange de populations primitives avec des *Malais* et des *Hindous* venus par mer. Ils ont avant le dix-huitième siècle occupé tout le delta du Mé-kong que l'Annam leur a enlevé et que nous avons enlevé à l'Annam. Au commencement de ce siècle le Siam leur enleva la province du Grand-Lac où ils s'étendaient au nord jusqu'au Nam-moun, et leur imposa sa suzeraineté à laquelle ils n'ont échappé depuis trente ans que pour tomber sous la nôtre.

Ainsi les populations de l'Indo-Chine appartiennent à **trois groupes :** le groupe **autochtone** représenté par les *Moïs* des montagnes; le groupe envahisseur, d'origine **hindoue**, représenté par les *Cambodgiens;* le groupe envahisseur, d'origine **tibétaine**, représenté à l'est par les *Annamites* de *civilisation chinoise ;* à l'ouest par les *Thaïs* (Siamois, Laotiens) de *civilisation hindoue.*

Excepté dans le **delta du Tonkin** où se pressent plus de 10 millions d'habitants sur 20 000 kilomètres carrés, toutes ces populations sont *très clairsemées.* Dans toute l'Indo-Chine française, il n'y a que 23 millions d'habitants : l'Annam n'en a que 6 millions, la Cochinchine que 2 millions, et quant au Cambodge, il n'en a que 800 000, donnant une densité kilométrique de 8.

Le *nombre des Européens*, en dehors des fonctionnaires, est *extrêmement petit*. En revanche, partout se sont répandus des **Chinois** ouvriers ou négociants, qui tiennent aujourd'hui entre leurs mains une bonne partie du grand et du petit commerce. *Cholon*, à la porte de Saïgon, est une ville exclusivement chinoise.

Les villes de l'Indo-Chine. — La plus grande ville de l'Indo-Chine française est la capitale du Tonkin, **Hanoï**, qui a 150 000 habitants, dont un millier d'Européens. Des *services de navigation fluviale* relient Hanoï aux principaux centres de population du delta tonkinois, tels que *Nam-dinh* (30 000 hab.), Son-tay, *Phu-lang-thuong*, tête de ligne du chemin de fer de *Langson* et à **Haïphong** (15 000 hab.), le principal port du Tonkin.

Après Hanoï se place **Saïgon**, capitale de la Cochinchine. Saïgon même n'a guère plus de 20 000 habitants, mais, avec sa banlieue, et notamment avec son annexe chinoise de *Cholon*, il en compte 65 000. Un chemin de fer de 70 kilomètres relie Saïgon à *Mytho* (10 000 hab.). Les services des *Messageries fluviales* relient Saïgon aux principaux centres de population du delta cochinchinois, à **Pnom-penh** et à *Stung-treng*, sur le Mé-kong. C'est, avec Cholon, *l'entrepôt de tout le commerce de la Cochinchine*, et son principal port, bien qu'il soit situé à 100 kilomètres dans l'intérieur des terres. Il faut environ 28 *jours de Marseille à Saïgon*; de Saïgon partent les navires qui desservent la côte d'Annam et arrivent à **Haïphong** en 5 jours, après escale à *Qui-nhon* et à *Tourane*.

Au troisième rang se place la capitale du Cambodge, **Pnom-penh**, qui a environ 45 000 habitants. C'est là que se centralisent, pour l'importation, tous les produits du pays dont les principaux sont le *riz*, le *poivre*, et le *poisson* du Grand-Lac.

Hué, la capitale de l'Annam, n'a guère plus de

30 000 habitants. Elle est à 8 kilomètres de la mer. On y arrive par **Tourane** à laquelle elle est reliée par une route de 100 kilomètres (*route du col des Nuages*), car son propre port, Thuan-an, est inabordable pendant la moitié de l'année, quand souffle la mousson du nord-est. D'autres routes, refaites depuis l'occupation française, *rayonnent vers l'intérieur*, et notamment vers *Aï-lao* et les pays du Mé-kong.

Tourane est ainsi le *principal port de l'Annam*, bien qu'il n'ait pas plus de 5 000 habitants. Il le doit à sa position dans une *rade bien abritée*, à l'entrée même du golfe du Tonkin, et aux *richesses minières* des environs dont la principale est la **houille**. Tourane est *territoire français*. C'est dans son port que se concentre tout le commerce de la partie septentrionale des côtes de l'Annam.

Qui-nhon joue le même rôle pour la partie méridionale. C'est surtout par le *cabotage des jonques chinoises et annamites* que les autres ports de la côte sont reliés à ces deux grandes escales de la navigation européenne.

Rapports commerciaux de l'Indo-Chine avec la Chine. — Située entre deux des régions les plus peuplées du globe, la **Chine** et l'**Inde**, l'Indo-Chine est évidemment destinée *dans son ensemble* à entretenir des relations commerciales avec ces *grands marchés voisins;* quant à la partie française, se trouvant au delà de *Singapour*, qui est le point de contact du monde hindou et du monde chinois, elle est surtout en *rapports avec la Chine* et secondairement avec la *Malaisie*. Ces rapports sont de deux sortes.

L'immigration chinoise et le commerce indo-chinois. — Tout d'abord la côte indochinoise qui nous appartient, après avoir cessé d'être unie par aucun lien politique avec l'empire chinois, ne cesse pas de recevoir une *très importante* *immigration chinoise*. Dans tous les grands centres de population le *petit commerce* est presque tout entier *entre les mains des commerçants chinois*. Ce sont des *Chinois qui pénètrent dans l'intérieur du pays*, par exemple dans le *Laos* et y font pénétrer avec eux soit les produits chinois, soit les produits européens. Ce sont aussi surtout des **Chinois** qui ont entre leurs mains le commerce des principaux **produits d'exportation**, comme le **riz**, le *poisson séché ou salé*, la *cannelle*; ces produits sont dirigés principalement vers *les marchés chinois*. C'est ainsi que le **commerce du riz** a fait naître à la porte de Saïgon une *ville entièrement chinoise*, **Cholon**. La *soie* est également dirigée vers la Chine, où on la mélange avec des soies chinoises pour l'expédier en Europe. Le **charbon** enfin trouve son principal débouché dans le grand entrepôt commercial de **Hong-kong**.

Le transit du commerce de la Chine méridionale par le Tonkin. — Ce n'est pas seulement par l'immigration chinoise et par la vente de ses produits que l'Indo-Chine se trouve en rapports étroits avec le monde chinois; elle est en outre l'*intermédiaire presque nécessaire* et en tout cas *le plus commode entre certaines parties de la Chine et le commerce européen*. Les communications des provinces chinoises du **Kouang-toung**, du **Kouang-si** et du **Yun-nan** sont en effet plus faciles *avec le Tonkin* qu'avec Canton. Pour *les deux Kouang*, le *chemin de fer de Langson* est un moyen rapide de communication avec *Haïphong*, et s'il est jamais prolongé jusqu'à Nan-ning-fou, il détournera vers le Tonkin une grande partie du trafic qui se fait actuellement vers Canton, par la vallée du Si-kiang.

Pour le **Yun-nan**, c'est par *le Tonkin* et le **Fleuve Rouge**, et non par l'intérieur de la Chine, que s'établissent les rapports avec Canton et le grand marché anglo-chinois de *Hong-kong*. Aujourd'hui c'est par Lao-kay que remontent vers le Yun-nan les *colonnades* et surtout les *cotons filés de Bombay*, que les négociants de Hong-kong expédient vers le Yun-nan ; c'est aussi par Lao-kay que le Yun-nan fait descendre à destination de Hong-kong les produits de ses mines d'**étain** et son *thé*.

L'ensemble des marchandises en transit, qui remontent ou descendent le Fleuve Rouge, atteint maintenant une valeur annuelle de près de *quarante millions*, et nous avons de ce côté un champ d'action très étendu, si nous ne voulons pas nous contenter de servir d'intermédiaires entre le commerce anglais et le Yun-nan, mais devenir nous-mêmes acheteurs et vendeurs. Les *Anglais* du reste se préparent de leur côté à développer leur prépondérance commerciale dans cette partie de la Chine, à la fois en établissant des *services de navigation sur le Si-kiang*, à travers les deux Kouang, et en construisant vers le Yun-nan un *chemin de fer* qui partira de la Birmanie.

B. — QUESTIONNAIRE

Indo-Chine française.

1. *Quelles sont les parties de l'Indo-Chine qui manquent sur la carte?* — **R.** A l'ouest, la Birmanie ; au sud, la presqu'île de Malacca, où la France ne possède rien.

2. *Quelle est l'étendue des territoires indo-chinois soumis à la France ?* — **R.** Ils ont une étendue de 700 000 kilomètres carrés, tandis que la France n'en a que 529 000.

3. *Tous les territoires français de l'Indo-Chine sont-ils des colonies françaises?* — **R.** Non, la Cochinchine seule est une colonie proprement dite.

4. *Quelle est la condition politique de l'Annam et du Cambodge ?* — **R.** L'Annam et le Cambodge sont deux royaumes protégés par la France.

5. *Quelle est la condition politique particulière du Tonkin ?*
— **R.** Le Tonkin est une province de l'empire d'Annam, administrée directement par la France.

6. *Quelle est, dans l'Indo-Chine, la principale frontière naturelle des territoires français ?* — **R.** C'est le grand fleuve du Mé-kong, pendant les trois premiers quarts de sa traversée de l'Indo-Chine.

7. *A quelle latitude se trouve l'Indo-Chine ?* — **R.** Entre le 8ᵉ et le 23ᵉ degrés de latitude nord. Elle est tout entière dans la zone tropicale, mais plus près du tropique que de l'équateur.

8. *Connaissez-vous d'autres colonies françaises situées à la même latitude que l'Indo-Chine ?* — **R.** Oui. Les Antilles et le Sénégal.

9. *Comment l'Indo-Chine se rattache-t-elle au continent asiatique ?* — **R.** Par des plissements montagneux très épais, qui prennent, dans l'est du plateau tibétain, la direction du nord-ouest au sud-est, et d'où sortent les fleuves indo-chinois.

10. *La direction du nord-ouest au sud-est est-elle la seule que l'on remarque dans les montagnes et les vallées indo-chinoises ?* — **R.** Non. On y trouve aussi des montagnes et des vallées qui ont, comme celles de la Chine, la direction d'est en ouest.

11. *Quelle est le trait géographique qui exprime le mieux l'existence simultanée de ces deux orientations principales du relief indo-chinois?* — **R.** C'est la série des zigzags décrits par le Mé-kong en amont de Pat-choum.

12. *Quel est le trait caractéristique des montagnes du Tonkin?* — **R.** Ce sont les falaises abruptes taillées dans les roches calcaires, qui enserrent les fleuves dans des gorges étroites.

13. *Qu'est-ce que la chaîne annamite ?* — **R.** C'est un massif ancien qui suit la côte orientale, en s'amincissant vers le sud.

14. *Où est le principal passage qui permet de traverser la chaîne annamite?* — **R.** C'est le passage d'Aï-lao, à 300 mètres d'altitude, un peu au nord de Hué.

15. *Les sommets principaux du Tonkin et de l'Annam sont-ils forts élevés ?* — **R.** Non. Dans le Tonkin, ils ne dépassent pas 2000 mètres, et, dans l'Annam, 2500.

16. *Les vallées fluviales sont-elles très importantes dans la chaîne annamite ?* — **R.** Non. Elles sont courtes et à pentes rapides ; elles n'ont que des fonds plats très étroits, mais très fertiles.

17. *Quelle est la nature des côtes de l'Annam ?* — **R.** Au sud de Tourane, les côtes de l'Annam sont presque toujours très escarpées, avec des baies, des caps et des îlots très nombreux.

18. *Citez les principaux accidents de la côte escarpée de l'Annam ?* — **R.** La baie de Tourane et le cap Padaran.

19. *Quelles sont les principales îles côtières de l'Annam ?* — **R.** Les îles Cu-lao-cham, où l'on récolte des nids de salanganes.

20. *Quelle est la nature des côtes du Tonkin ?* — **R.** Au contraire des côtes annamites, les côtes tonkinoises, à partir de Tourane, sont toujours basses, avec des lagunes et des canaux qui relient les embouchures des rivières entre elles.

21. *Quelle est la nature des pays traversés par le Mé-kong, au sortir des montagnes ?* — **R.** Ce sont des plaines qui vont en s'élargissant vers le sud, et que coupe en deux le plateau volcanique du Boloven.

22. *Quelle différence d'aspect essentielle présentent les montagnes côtières et les plaines intérieures de l'Annam ?* — **R.** Les premières, abondamment arrosées par la mousson du nord-est, sont couvertes d'épaisses forêts ; les secondes, beaucoup moins humides, n'ont que des forêts à clairières, qui rappellent le Soudan africain.

23. *Qu'est-ce que le delta tonkinois ?* — **R.** C'est un ancien golfe, comblé par les alluvions du fleuve Rouge et de ses affluents.

24. *Quelle est l'extrême limite méridionale de la région deltaïque tonkinoise ?* — **R.** C'est Hué.

25. *Quelle est la région de l'Europe qui ressemble le plus au delta tonkinois ?* — **R.** Ce sont les polders de la Hollande et des Flandres, avec leurs canaux, leurs digues et leurs populations très denses.

26. *Quelle différence essentielle la carte montre-t-elle entre le delta tonkinois et le delta cochinchinois ?* — **R.** Le premier est encadré dans une ceinture de collines et de montagnes. Le second s'avance en pointe dans la mer.

27. *Où commence la région deltaïque cochinchinoise ?* —

R. Elle commence dès Battambang, dans le royaume de Siam.

28. *Quel est le trait le plus curieux du delta de Mé-kong ?* R. C'est qu'il se dédouble en un delta intérieur aboutissant au Grand-Lac, et un delta extérieur, qui se termine par la pointe de Camau.

29. *Comment expliquez-vous cette étendue énorme et ce dédoublement du delta ?* — **R.** Par la puissance des crues du Mé-kong, qui peuvent atteindre 12 mètres de hauteur, accumuler 30 milliards de mètres cubes d'eau dans la dépression du Grand-Lac, et qui apportent un milliard de mètres cubes d'alluvions par an.

30. *Quels sont les principaux affluents du Mé-kong ?* — R. À droite, le Nam-moun ; à gauche, le Sé-bang-hien, et le Sé-kong.

31. *Le Mé-kong est-il navigable sur tout son parcours à travers l'Indo-Chine ?* — **R.** Non, il est coupé en deux par les chutes de Khone, qui isolent la navigation sur le cours inférieur de la navigation sur le cours moyen.

32. *Jusqu'où la navigation est-elle facile sur le cours moyen du Mé-kong ?* — **R.** Jusqu'à Xong-kay seulement. Au delà elle n'est possible que pendant les hautes eaux et pour des navires puissants.

33. *D'où vient la grande importance du Fleure Rouge ?* — **R.** De ce qu'il établit une route entre son delta très riche et très peuplé, et la province la plus importante de la Chine méridionale, le Yun-nan.

34. *Jusqu'où le Fleure Rouge est-il remontable en toute saison ?* — **R.** Jusqu'à Lao-kay : il faut trois jours aux bateaux à vapeur pour monter d'Haï-phong à Lao-kay et quinze heures pour en descendre.

35. *Quels sont les principaux affluents du Fleure Rouge ?* R. Au nord, la Rivière Claire, remontable jusqu'à Tuyen-quan ; au sud, la Rivière Noire, remontable jusqu'à Cho-bo.

36. *Quel est le fleure chinois dont la source se trouve dans le Tonkin ?* — **R.** Le Si-kiang, qui aboutit à Canton et à Hong-kong.

37. *Quels sont les principaux fleures côtiers de l'Indo-Chine française ?* — **R.** Le Thaï-binh, à l'est du delta tonkinois ; le Don-naï, à l'est du delta cochinchinois.

38. *Quelles sont les deux grandes villes situées sur ces deux* *fleuves?* — **R.** Haïphong sur le Thaï-binh : Saïgon, sur le Don-naï.

39. *Quel est le trait dominant du climat de l'Indo-Chine?* **R.** C'est l'abondance des pluies.

40. *Le climat est-il le même dans toutes les parties de l'Indo-Chine?* —**R.** Non. Il y a des variations résultant de la latitude, puisque le sud de l'Indo-Chine est près de l'équateur, et le nord près du tropique.

41. *Quelle est la principale différence entre le climat du nord et celui du sud de l'Indo-Chine?* — **R.** C'est que, dans le nord, il y a un véritable hiver, où la température s'abaisse jusqu'à 6 degrés (février et mars), tandis que, dans le sud, le thermomètre ne descend jamais au-dessous de 16 degrés.

42. *Les saisons pluvieuses sont-elles les mêmes au nord et au sud de l'Indo-Chine?* — **R.** Non. En Cochinchine, il pleut de mars à octobre, par vent du sud-ouest ; au Tonkin, il pleut surtout de juin à septembre, par vent du sud-est.

43. *Le climat de l'Indo-Chine est-il partout défavorable aux européens?* — **R.** Il est tout à fait défavorable dans le sud, mais beaucoup moins dans le nord.

44. *Quelle est la principale source des pluies pour les côtes montagneuses de l'Annam?* — **R.** C'est la mousson du nord-est, qu'arrêtent les montagnes, et dont elles condensent la vapeur d'eau.

45. *Le climat est-il le même dans l'intérieur de l'Annam que sur la côte?* — **R.** Non. A l'époque où la mousson du nord-est condense ses vapeurs sur la côte, l'intérieur est sec ; il est au contraire arrosé pendant l'été, quand souffle la mousson du sud-ouest.

46. *Quelle est la principale culture indo-chinoise?* — **R.** C'est la culture du riz, qui est pour l'Extrême-Orient ce que le blé est pour l'Europe.

47. *Quelles sont les parties de l'Indo-Chine où la culture du riz est le plus développée?* — **R.** Ce sont les deltas tonkinois et cochinchinois, parce que le riz a besoin d'un sol très humide.

48. *Quel est, des deux deltas, celui qui produit le plus de riz?* — **R.** C'est le delta tonkinois ; mais comme il est très peuplé, il n'en produit que pour sa consommation.

49. *Quel est, des deux deltas, celui qui en exporte le plus?*

— **R.** C'est le delta cochinchinois, qui en exporte surtout en Chine.

50. *Quelles sont les cultures secondaires des deltas ?* — **R.** La patate, le maïs, la canne à sucre, cultures alimentaires ; le tabac, le bétel et l'aréquier, dont les produits sont fumés ou chiqués par les indigènes.

51. *Où le coton est-il cultivé ?* — **R.** Surtout dans le Cambodge.

52. *Quelle est la circonstance extérieure qui favorise au Cambodge le développement de la culture du coton ?* — **R.** Ce sont les progrès de l'industrie textile au Japon.

53. *Quelles sont les principales cultures sur les pentes basses des montagnes ?* — **R.** Le mûrier, le caféier, le cannelier, le poivrier.

54. *Quelle est la principale richesse minérale de l'Indo-Chine ?* — **R.** C'est la houille.

55. *Où sont les principaux gisements houillers de l'Indo-Chine ?* — **R.** Autour du golfe du Tonkin ; à Tourane, au sud, à Hon-gay et Kébao, au nord.

56. *Quel est l'avantage principal des mines de houille de Hon-gay et de Kébao ?* — **R.** C'est qu'elles sont sur les bords de la mer et que l'exportation en est très facile.

57. *Quelle est, dans le règne animal, la richesse principale de l'Indo-Chine ?* — **R.** Ce sont les poissons du Grand-Lac cambodgien, que l'on pêche à l'époque des basses eaux, et que l'on exporte salés dans toute la Chine, en quantités énormes.

58. *Quelles sont les principales populations indigènes de l'Indo-Chine française ?* — **R.** Les Anamites, les Moïs, les Thaïs et les Cambodgiens.

59. *Parmi les quatre races différentes, quelle est celle dont l'établissement en Indo-Chine est le plus ancien ?* — **R.** Ce sont les Moïs, que l'invasion des Annamites et des Thaïs a repoussés dans les montagnes.

60. *Après les Moïs, quels sont les plus anciens habitants de l'Indo-Chine ?* — **R.** Ce sont les Cambodgiens, mélange des populations primitives, avec des Malais et des Hindous venus par mer.

61. *D'où sont venus les Annamites ?* — **R.** Des confins de la Chine et du Tibet. Ce sont les habitants des deltas et des plaines côtières, et, par excellence, les cultivateurs du riz.

62. *D'où sont venus les Thaïs?* – **R.** Ils sont aussi venus du Tibet, mais par les vallées du Mé-kong et du Mé-nam, et ils ont peuplé le Laos, le Siam et la Birmanie.

63. *A quoi reconnaît-on sur la carte l'extension des Thaïs?* — **R.** A la présence du mot *muong*, qui signifie *village*.

64. *Quelle est la partie la plus peuplée de l'Indo-Chine ?* — **R.** C'est le Tonkin, où 10 millions d'habitants se pressent sur 20000 kilomètres carrés.

65. *Combien y a-t-il d'habitants dans le reste de l'Indo-Chine française?* — **R.** 6 millions dans l'Annam, 2 millions en Cochinchine, 800000 au Cambodge.

66. *A côté des indigènes, quel est l'élément immigré le plus nombreux?* — **R.** Ce sont les Chinois, qui s'infiltrent partout. Les Européens sont peu nombreux à cause du climat.

67. *Quelle est la plus grande ville de l'Indo-Chine française?* — **R.** Hanoï, capitale du Tonkin, avec 150000 habitants.

68. *Quel est le principal port du Tonkin ?* — **R.** Haïphong.

69. *Quelle est la principale ville de la Cochinchine?* — **R.** Saïgon, qui a 20000 habitants, et près de 70000 si l'on tient compte du faubourg chinois de Cholon.

70. *Combien faut-il de temps pour aller de Marseille à Saïgon et à Haïphong?* — **R.** Il faut 28 jours pour Saïgon, et 5 de plus pour Haïphong.

71. *Quelle est la capitale du Cambodge ?* — **R.** Pnom-penh, qui est le centre d'exportation du poisson du Grand-Lac, et qui compte 45000 habitants.

72. *Quelle est la capitale de l'Annam ?* — **R.** Hué, à 8 kilomètres de la mer; on y arrive pendant la saison sèche par Thuan-an; mais, quand souffle la mousson du nord-est, on y monte par Tourane et le col des Nuages.

73. *Quel est le principal port de l'Annam ?* — **R.** Tourane, à cause de la houille. Tourane est territoire français.

74. *Quels sont les principaux pays avec lesquels se fait le commerce de l'Indo-Chine française?* — **R.** La Chine et la Malaisie.

75. *Quels sont les principaux objets exportés d'Indo-Chine en Chine?* — **R.** Le riz, le poisson, la cannelle, la houille.

76. *Quels sont les principaux produits qui descendent de Chine par le Tonkin?* — **R.** L'étain et le thé.

77. *Quels sont les principaux produits qui montent en Chine par le Tonkin?* — **R.** Les cotonnades et surtout les cotons filés, qui proviennent en majeure partie de Bombay.

78. *Quel est le port de la Chine méridionale que nous avons conquis récemment?* — **R.** Leï-tchéou, au nord de l'île de Haï-nan.

TABLE DES MATIÈRES

A. Notice.

B. Questionnaire.

Paris. — Imp. E. Capiomont et Cⁱᵉ, rue de Seine, 57.

TABLEAUX MURAUX
Armand COLIN et Cⁱᵉ
Double face, sur carton

Format des *Cartes murales Vidal-Lablache* (1ᵐ $\times$ 1ᵐ 20).

Tableau d'Hygiène (Réduction en noir).

Tableaux muraux de Lecture (Méthode GUYAU). Deux tableaux (*ne sont pas vendus séparément*)...... 9 »

Tableaux récapitulatifs de Lecture (Méthode CARRÉ). Deux tableaux (*ne sont pas vendus séparément*). 9 »

Tableaux muraux d'Écriture à pente rationnelle (Méthode QUELLIEN) : Tableau 1, Cursive; Tableau 2, Ronde et Bâtarde. Ch. tabl. 4 50

Tableau mural de Morale..... 4 50

Tableau mural d'Instruction civique................... 4 50

Tableau mural d'Histoire de France.............. ... 4 50

Tableau mural de Multiplication et de Numération............ 4 50

Tableau mural illustré et colorié de Système métrique.......... 6 50

Tableau mural illustré et colorié d'Hygiène.............. 6 50

Tableau mural illustré et colorié d'Anti-alcoolisme.. .... 6 50

France. Produits agricoles (recto) et *Productions industrielles* (verso).— 180 figures coloriées....... 6 50

Graphique illustré et colorié d'Histoire de France. Deux tableaux (*ne sont pas vendus séparément*).... 15 »

Les Tableaux muraux sont munis d'œillets ayant le même écartement que ceux des Cartes murales Vidal-Lablache.

2 Tableaux ou Cartes peuvent être expédiés en un colis postal de 5 kilog. Ajouter **1** *fr.* **90** *pour emballage et port à la gare la plus rapprochée.*

Paris. — Imp. E. Capiomont et Cⁱᵉ, rue de Seine, 57.   (Nᵒ 295)

9 782329 650784